AF348255

SATYRE

SUR

LES INNOVATIONS

DANS

LE MILITAIRE.

A BASLE.

M, DCC, LXXIV,

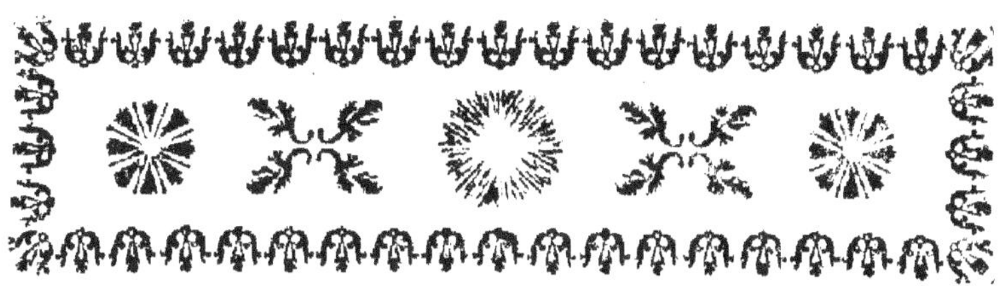

SATYRE

SUR

LES INNOVATIONS

DANS LE MILITAIRE.

TOI! dont je ne viens point mendier le se-
    cours,
A qui, pour m'égayer, j'eus autrefois recours,
Muse! toi qui toujours, s'ils ont de l'harmonie,
Inspires les Auteurs, échauffes leur génie,
Je refuse tes dons : qui dit la vérité,
N'a besoin d'autre appui que de la liberté.
    Tu sais qu'en mon printemps, pour attendrit
      Glicere,
J'implorois tous les Dieux, & l'Amour & sa
      Mere :
J'adorois, & tes Sœurs, & leurs talens divers,
Tu me prêtas les tiens, tu me dictas des vers

A 2

Libres, peu corrigés : leur fraîcheur naturelle ,
Le léger coloris reſſembloit à ma Belle. . . .
Ah ! que tu diſois bien ce que j'oſois ſentir ;
Tu fais tout exprimer, crainte, tourmens, deſir,
Plainte, ſoupçons, eſpoir. . . ces fiers Bourreaux
        de l'ame
De qui l'inquiétude alimente la flâme :
Tantôt tu te plaiſois à peindre ſes appas ,
Bientôt tu m'invitois à paſſer dans ſes bras :
C'eſt alors qu'enivré du bonheur de lui plaire ,
Je jurois que toujours elle me ſeroit chere ;
Sa naïve innocence étoit peinte en ſes yeux :
O ciel ! que ſes regards étoient délicieux ,
Quand maître fortuné de ſon ame attendrie ,
De mon cœur dans le ſien je portois l'incendie !
Je voyois ſa vertu combattre ſon ardeur ,
Et ſes ſens révoltés préparer mon bonheur.
C'eſt alors que mourant . . . arrête , Muſe ,
        arrête !
Du Printemps en Hiver célebre-t-on la fête !
Après l'onzieme luſtre , irois-tu dans mon cœur
D'un braſier preſqu'éteint ranimer la chaleur !
Le facile pinceau que tient ta main légere
Crayonneroit encore les traits de ma Bergere :
Non, non ; le ſouvenir de ces heureux momens ,

Du déclin de la vie augmente les tourmens.
Pour jamais, Muse, adieu ; ton immortelle es-
     sence
De durables plaisirs te permet l'espérance ;
Moi, qui vois du néant les abymes ouverts,
Qui bientôt du tombeau ferai mon univers,
Du Cocyte asservi dans ses rives profondes,
La nuit j'entends gémir les languissantes ondes,
Je n'espere plus rien : je ris de tes faveurs,
Elles peuvent séduire & flatter d'autres cœurs :
N'ayant rien à prétendre en me faisant connoître,
Je renonce à l'honneur d'avoir un si grand maître.
Pour rimer la satyre, a-t-on besoin d'esprit ?
La bile me provoque & le Mocka suffit.
    Quand d'un siecle si beau sur des rimes sé-
     veres,
L'intrépide Boileau reproche les miseres,
Quand aux Grands de ses jours il donne des le-
     çons,
Ses dégrés de fureur sont marqués par ses sons.
Vous vous couvrez, dit-il, (a) *des vertus de vos*
     Peres :
Ce ne sont à mes yeux que de vaines chimeres,

____

(a) Boileau, Satyre 5, Vers 65 & suivans.

Je ne vois rien en vous, qu'un lâche, un imposteur,
Un traître, un scélérat, un perfide, un menteur.
Hélas! que diroit-il au moment où nous sommes,
Si, s'occupant du soin de chanter les grands
      Hommes,
Il trouvoit sous sa plume en cherchant des Héros,
Pour un Achille ancien, cent Therfites nou-
      veaux?
Il diroit que les Grands, avouant leur foiblesse,
Comme Dieu tutélaire, encensent la molesse:
Dénués de favoir, artisans de complots,
S'occupant de la Cour à troubler le repos;
Il diroit que le luxe a corrompu notre être,
Que même les vertus, sans lui, n'osent paroître:
Que l'empire établi de ses goûts séduisans,
Des plus minces Bourgeois se fait des Partisans;
Amant trompé, haï d'une fille impudente,
Ennemi trop aimé d'une Épouse charmante,
A l'une prodiguant & son être & ses soins,
Et de l'autre n'osant consulter les besoins…
Voilà de ces erreurs dont l'exemple funeste,
Détruit la Nation & les mœurs… s'il en reste?
Que de crimes anciens & de vices nouveaux!
J'ai pour les tracer tous de trop foibles pinceaux.
L'un d'attraits innocens néglige la culture,

Et des goûts étonnans allarment la nature ;
Taifons-nous !... La fatyre auroit-elle le droit
D'expofer les horreurs que fon œil apperçoit ?
Elle doit refpecter, même dans fa colere,
Tous les cœurs chatouilleux auxquels elle veut
plaire ;
On n'ofe au temps préfent rien nommer par
fon nom,
L'oreille devient chafte, & le cœur fe corrompt :
Des modernes écrits on profcrit la licence ;
Mal faire, & parler bien, voilà notre décence.
Écartons ces objets, & de nos Élégans
Dévoilons les loifirs & les faits importans ;
Eux dont le fort fixé bien avant que de naître,
Leur donne, fans travail, le droit de tout con-
noître ;
Intriguant fans objet, fatigué de fon temps,
Incapable du bien, Guerrier par paffe-temps,
L'un court au régiment parler de fes Maîtreffes,
Revient à l'Opéra nous vanter fes proueffes.
Savant Inftituteur des talens du Guerrier,
Je vais ceindre ton front d'un immortel laurier !
Tel que d'un Charlatan débitant fes miracles,
Le peuple ftupéfait refpecte les Oracles,
Ainfi le groupe ignare & prêt à t'applaudir,

Écoute des détails dont tu devrois rougir.
Attends ! . . . Mais de quel droit, fuspendant
     ton audace,
Ofe-je fi long-temps tenir ici ta place ?
Parle ! . . . d'un corps ancien j'ai rétréci l'habit,
Tous mes (b) vieux Officiers en ont perdu l'efprit,
D'un vêtement étroit cette troupe ignorante
Ne faifit point affez l'utilité frappante :
De tout ventre trop rond, le profil indécent
D'un bataillon formé détruit l'alignement.
Du patient Soldat je prends le néceffaire,
Pour pouvoir le poudrer & parer fa mifere ;
C'eft-là le grand talent ! l'adroite propreté,
De fon charme trompeur, couvre la pauvreté ;
De la fobriété, la reffource connue
Eft le moyen heureux qui foutient ma tenue :
Pour bien fervir en guerre & courir les hafards,
Le Soldat tout armé, doit pefer deux cens marcs ;
Le calcul en eft fait, l'armement vingt-cinq livres,

(b) Combien le pronom poffeffif a d'attraits ? Ma
tenue, mes Soldats, mes manœuvres, mes vieux Officiers ! . . . . Il me femble entendre parler de vieux chevaux excellens pour le fervice, mais dont on médite
la réforme, parce qu'ils ne piaffent plus.

Sept pour l'habit complet, le corps?.. Total,
    cent livres.
J'ai, d'un nouveau Major, fait le plus heureux
    choix,
C'eſt un homme excellent, c'eſt la plus belle voix!
Dans l'Opéra bouffon il figure à merveille,
Il a tous les talens, du geſte & de l'oreille....
Dans l'art de commander, j'ai hâté ſes ſuccès,
La manœuvre chez moi ſe fait avec excès,
Non pas ces mouvemens qu'indique l'Ordon-
    nance,
Mais ceux par moi preſcrits (c) pour l'honneur
    de la France;
Des manœuvres d'un goût & d'une propreté....
Des pas délicieux, d'une légéreté....
Le Maître du ballet ſoutenant la cadence,
Éreinte les Acteurs à chaque déſinence:
Puis ſoudain du François né pour l'activité,

(c) Beaucoup de Régimens ont leur code particulier;
c'eſt ce qu'on appelle le Cathéchiſme de théorie: c'eſt
ſur ces principes que l'on exerce toute l'année; cette
différence dans l'inſtruction des Corps fera un bel effet
lors de la formation des Brigades, & entretiendra une
grande harmonie entre les Etats Majors des Régimens
enbrigadés enſemble.

Il détruit les refforts par l'immobilité.

Brioché, l'Inventeur de nos marionnetes,

Ne dirigea pas mieux fes figures difcretes.

De nos anciens défauts à peu près corrigés,

Nous tenons bien encore à quelques préjugés...

Un Puyfegur, je crois, un Saxon, un Maurice,

Ont donné des traités une légere efquiffe,

Ont dit . . . Que fais-je moi? (Ces Gens-là
   voyoient mal,

A peine obtiennent-ils le nom de Général,)

Des préceptes fur rien, de froides minuties,

Mille frivolités, enfin des rêveries....

Venez voir ma Phalange; Ah! que je l'ai payé

Par mes foins, mes travaux! . . . j'ai chaffé,
   renvoyé

Un tas de vieux coquins, figures éternelles,

Faits pour déshonorer mes manœuvres nou-
   velles,

Imbécilles conteurs, parlans de Fontenoi,

De difpofitions, de valeur & du Roi....

O! j'en ai fait l'exemple; enfuite avec adreffe,

Chez moi de l'Étranger, j'attire la Jeuneffe:

Point ou peu de François: ils font braves, dit-on?

Mais tout prêts à partir, s'ils fentent le bâton,

J'en ai purgé ma troupe, ils courent la campagne,

Et peut-être aujourd'hui font-ils en Allemagne,
Par Dieu ! J'en fuis comblé; Jufqu'aux rives du
    Don
Ils vont, avec le Ruffe, aux Turcs donner le ton;
Mais rebutés du Knout (*d*) auquel il faut fouf-
    crire,
A Bizance ils iront fe faire circoncire ;
Et de ma vieille bande enfin devenu veuf,
J'ai la gloire de rendre un Régiment tout neuf.
    Le folide animal que nourrit l'Arcadie,
Ainfi fe bat les flancs dans la pleine fleurie,
Et fon noble rival charmé de fes braimens,
Lui prodigue auffi-tôt fes applaudiffemens :
Tu me charmes, Marquis! & ton récit m'enchante;
Que d'obftacles vaincus ! mais rien ne t'épou-
    vante ;
Ton ame grande & forte a, des vieux Infpecteurs,
Reprimé l'entreprife & montré les erreurs;
Car, pour un, dont le Ciel a pris foin du génie,
Tu fais qu'il en eft vingt, gens à baffe manie,

(*d*) Supplice en ufage parmi les Ruffes : Il confifte à
recevoir fur le dos un certain nombre de coups d'un
fouët fait avec un morceau de cuir fort épais, qui a deux
à trois pieds de longueur, & taillé de façon qu'il eft
quarré, & que fes côtés font tranchants.

Fades Prédicateurs de la simplicité,
Et toujours répétant leurs loix d'humanité;
Quel texte misérable! Est-ce qu'un Militaire,
A la tête d'un Corps, est un Missionnaire?
Le mal est que ces gens, dans l'ardeur des com-
    bats,
Caressent la valeur & gâtent les Soldats!
Ils les aiment toujours : ceux-ci s'enorgueil-
    lissent,
De l'équitation les manœuvres languissent.
Qu'il étoit beau de voir, sur un cheval de bois,
Trotter les compagnons de Coigny, Maillebois,
De Broglie & de Villars, cet émule d'Eugene,
Et raconter ainsi la mort du grand Turenne (e)!
Cet exercice unique, en soi-même charmant,
De l'émulation est l'aiguillon puissant :

(e) On a vu proposer une reprise sur le cheval de
bois à des Officiers, Cavaliers & Dragons qui avoient
déjà fait quelques campagnes, telles que celles de
Philisbourg, Parme, Guastalle, Fontenoy, Hastenbeck,
Luterberg, Berghen, Clostercamp, Johansberg, &c.
& dans le fort de l'application à la recherche de cette
moëlleuse position du corps, qu'ils avoient quelque
peine à attraper, apprendre encore ce que c'est qu'une
bride, & à distinguer un licol d'avec une croupiere.

Il supplée au mérite ainsi qu'à la naissance ;
Le talent de monter est la seule science !
En vain, vous dira-t-on, qu'il use les chevaux ?
Eh bien ! on vend les uns (*f*), on en a de nou-
      veaux,
C'est l'affaire du Roi... Si pour remplir mes vues,
D'un bénéfice outré sur des choses connues,
Je ne m'occupois pas, aidé de mon Major,
A diriger l'objet, la masse auroit trop d'or.
Il étoit bon d'y voir (*g*) comment de ma musique

(*f*) Lorsque les Compagnies étoient exploitées au compte du Roi, les chevaux étoient souvent au manege ; & l'attention des Inspecteurs les portoit à se tenir en garde contre la prodigieuse quantité de chevaux qu'on leur proposoit à réformer.

(*g*) Depuis que les Compagnies de Cavalerie & de Dragons appartiennent aux Capitaines, les fonds pour l'entretien de la musique se font différemment que par le passé : Dans quelques Corps ils sont pris en retenue sur les appointemens des Officiers, en raison de ceux attribués à leurs grades ; cette retenue n'est pas plaisante pour un Officier peu aisé, & qui n'aime pas la musique. Il est quelques Régimens aussi, (& j'ai du plaisir de rendre cet hommage à la vérité,) dont les Colonels font seuls la dépense de cette fantaisie. Mais

Pouvoir entretenir l'assortiment unique ?
Deux bons Bassons, soutiens de quatre Clarinets,
Accompagnent des cors les sons rendus discrets :
D'un Timbalier enfant les cymbales sonnantes
Assurent le repos : ces trompettes bruyantes,
De mes sens délicats offensant les ressorts,
De poumons altérés n'exigent plus d'efforts ;
A tout j'ai mis de l'ordre. Il nous faut pour la
      guerre
Des Musiciens faits ; c'est-là la grande affaire :
Mais on n'y pense point ; des Inspecteurs petits
Vous proposent des plans, des projets rétrecis,
Vous parlent de combats, de bottes & de selles,
Mousquetons, pistolets, sabres d'anciens mo-
      deles ;
Et de ces Généraux le mince jugement,
N'accorde aucun mérite au meilleur instrument.
La musique entre nous, produisant l'harmonie,
Adoucit les esprits, exalte le génie ;
J'en connois dès long-temps toute l'utilité,
Et rien là ne ressemble à la frivolité.

---

dans l'un & l'autre cas, on est porté à croire que les Musiciens n'exécutent jamais que des morceaux lugubres, car les Troupes ne sont pas gaies.

Eh ! n'eſt-il pas charmant d'entendre une ariette,
Alors que l'ennemi vous force à la retraite ?
Saiſiſſant bien l'objet, un hautbois en ardeur,
Exécute au galop l'acte du Déſerteur (*h*).
L'amateur de muſique, en ſerrant la meſure
De ce drame équivoque, applaudit l'ouverture.
O ſiecle d'ignorance ! Un homme tranſcendant,
Que la guerre eût inſtruit & formé pour le grand,
Preſſentiroit l'effet des choſes importantes
Qu'il devroit confier à nos têtes ſavantes ,
Et reléguant chez eux ces triſtes Inſpecteurs ,
S'épargneroit le prix de rapports impoſteurs.
 Des Grands, me dira-t-on, eſt-ce là le lan-
   gage ?
——Satyrique anonyme ! êtes-vous homme ſage?
Ces portraits ſi chargés de fiel & d'âcreté,
Reſpectent-ils au moins l'auguſte vérité ?
Dois-je m'en rapporter à cet excès de bile,
Qui vous tient lieu de ſens, & de verve & de
   ſtyle ?
Non ; les Grands ne ſont point tels que vous
   les peignés ;

(*h*) Le Déſerteur, Opéra comique, drame dont la
muſique a été généralement applaudie.

On en voit qui, jaloux du sang dont ils sont nés,
En confervent l'éclat, & ces vertus antiques
Qu'en nos jours odieux on traite de rustiques.
J'ai vu des Colonels, par des foins généreux,
Prévenir noblement l'Officier malheureux,
Et les Soldats aftreints à police févere,
Croire, en obéiffant, n'obéir qu'à leur pere :
J'ai vu de ces Héros, fuïans la nouveauté,
De Majors faits exprès, blâmer la dureté;
Sagement attachés aux loix de l'Ordonnance,
Dans l'exécution, renfermer l'importance.
Mais je connois auffi ceux que vous condamnés :
Eh ! comment refpecter des noms fi profanés ?
Vous voyez que Cléon vous fait une demande
De l'air impérieux & du ton qu'il commande :
Que Dorante, ennemi de tout homme de bien,
Charge de ridicule un honnête entretien :
Que Clairville, frondant l'honneur & la décence,
D'une fille perdue adore l'infolence :
De dettes furchargé bien plus que de vertus,
Damis vient careffer les fuppôts de Plutus,
Le Mondor qu'enhardit l'oubli de fa naiffance,
Lui propofe l'affront de fa fale alliance,
Et la fille fans nom d'un homme du quartier
Porte en fes flancs impurs un augufte Héritier;

Ainfi

www.ingramcontent.com/pod-product-compliance
Lightning Source LLC
LaVergne TN
LVHW010837180726
843502LV00009B/3598